Le rôle social de l'officier

un essai d'actualité

Le rôle social de l'officier

un essai d'actualité

Maréchal Lyautey
(1854-1934)

Texte paru pour la première dans la Revue des Deux Mondes en mars 1891, sous le titre :
Du rôle social de l'officier dans le service universel.

Edition : BoD – Books on Demand,
12/14 rond-point des Champs-Elysées,
75008 Paris.
Impression : BoD - Books on
Demand, Norderstedt, Allemagne
ISBN : 978-2-3221-5340-4
Dépôt légal : mars 2019

*L*es hommes que leurs occupations ou leur vocation mettent en contact avec la jeunesse cultivée s'accordent à signaler, dans la génération qui naît à la vie publique, certain courant de réaction contre le dilettantisme qui a plus particulièrement marqué ses devancières. En présence de la transformation sociale, dont la marche grandissante et la fatalité forcent aujourd'hui l'attention des esprits les plus rebelles, cette jeunesse s'aperçoit, nous affirme-t-on, que, pour les privilégiés de l'esprit, il peut y avoir d'autres rôles que ceux d'analystes et d'expérimentateurs, et qu'il est peut-être temps de sortir de la critique ou de la spéculation sereines pour en venir à l'action rude et féconde.

Pour ne citer que quelques noms parmi les guides écoutés de la jeunesse, trois hommes, éloignés d'origine et d'esprit, mais que bien de nobles traits rapprochent, M. Albert de Mun, M. Melchior de Vogüé, M. Ernest Lavisse, ont reconnu cette bonne volonté, ce besoin de groupement pour une action commune, et s'efforcent de le féconder.

Le premier, pénétré de la gravité croissante de la question ouvrière et convaincu que seul le retour du peuple au christianisme en donnera la solution, groupe autour de lui la jeunesse catholique militante. C'est aux futurs ingénieurs, aux futurs industriels, aux futurs patrons qu'il demande leur concours, et encore à ceux-là seuls auxquels une foi commune permet de s'associer à son œuvre : c'est, par la force des choses, parmi les élèves des établissements religieux que se recrutent presque exclusivement ses adhérents.

Le dernier exerce son ascendant incontesté sur la nombreuse jeunesse universitaire : il a développé chez elle le sentiment de la solidarité, auquel il a donné une forme dans les associations d'étudiants. En contact permanent avec elle, il lui enseigne le patriotisme actif, l'union généreuse, le devoir social : il s'adresse avant tout aux futurs professeurs par qui son influence s'entendra sur la jeunesse de demain.

Entre les deux, M. de Vogüé, à qui, d'une part, son nom et ses origines, d'autre part, son talent d'écrivain et son sens très vif des grandeurs de notre temps, donnent accès dans tous les camps (puisque camps il y a, hélas !), s'est fait une large place. Se dégageant des questions de parti qui, dès le berceau, scindent aujourd'hui la nation en deux, des formules politiques, des étiquettes d'écoles, il s'est placé sur le terrain commun de l'action sociale.

À tous les privilégiés de l'intelligence, de l'éducation, de la fortune, il rappelle que leurs premiers devoirs sont envers les humbles et les déshérités et convie les bonnes volontés de tous partis, de toute confessions, de toutes philosophies, à communier dans « la religion de la souffrance humaine ».

Tous, ils ont réveillé dans cette jeunesse le sens de l'action ; tous, sans l'entendre peut-être de la même manière, ont placé au premier rang le devoir social. En montrant la grandeur du but, ils n'ont pas dissimulé les épreuves du chemin, les préjugés à vaincre, les routines à briser, et dès qu'il s'agit d'aller au peuple, la difficulté de l'aborder et de le convaincre, pour qui n'en porte pas le vêtement et n'en parle pas la langue ; si profonde est la méfiance contre la parole des dirigeants qu'inspire aux travailleurs l'opposition apparente de leurs intérêts matériels.

Sans nul doute, il y a là un mouvement, un souffle de dévouement et de générosité. Il semble que cette génération prenne conscience du grand rôle qu'elle pourrait remplir. Et quel rôle ! À l'état de guerre haineuse et violente qui sépare stérilement les enfants du même sol, de parti à parti, de classe à classe, substituer la recherche pacifique et féconde des problèmes posés par la révolution industrielle et économique de ce temps : marcher, non plus la revendication ou la répression au poing, mais la main dans la main, dans la large et noble voie du progrès social. Et qu'on ne dise pas que, sous cette forme c'est là une question vieille comme le monde ! Dans son acuité, elle est posée d'hier, et c'est d'hier aussi que la science, l'industrie, en leur évolution foudroyante, ont apporté pour la résoudre d'autres éléments que le pétrole et la dynamite.

Mais, si nombreux que soient les jeunes gens, étudiants, futurs ingénieurs, futurs industriels, futurs patrons, futurs professeurs, à qui s'adressent ces protagonistes du devoir social, chacun de ces groupes n'agira que sur un nombre restreint d'individus et leur ensemble même ne peut rencontrer la totalité des travailleurs, tant s'en faut.

N'existe-t-il donc pas un « cadre », dans l'acception militaire du terme, capable par nature d'exercer une action plus étendue que les autres et, si ce cadre existe, n'est-il pas le premier à se pénétrer de la nécessité et de l'urgence du devoir social ?

Ce cadre est tout formé, destiné par son essence à exercer la direction temporaire, non pas seulement d'une fraction, de la majorité même, mais de la totalité de la jeunesse ; c'est le corps des vingt mille officiers français.

Depuis l'application intégrale du service obligatoire, c'est-à-dire depuis hier, c'est, de vingt à vingt-trois ans, toute la nation, sans exception, qui passe entre ses mains ; nul n'y échappe. Il ne s'agit plus ici de tel ou tel groupe de travailleurs ; tous, ouvriers de la main et de la pensée, lettrés et ignorants, propriétaires et laboureurs, reçoivent, pendant une période de leur vie, l'empreinte d'un lieutenant, d'un capitaine, d'un colonel.

A ce fait tout nouveau, – ce fait révolutionnaire, au sens propre du mot, – doit répondre forcément un développement du rôle de l'officier, dont lui-même n'a, croyons-nous, pas encore pris conscience ; dont, en tout cas, il ne nous semble pas qu'on ait été suffisamment frappé au dehors.

Depuis vingt ans, une succession de régimes transitoires, – service de cinq ans intégral, service de quarante mois, volontariat de plus en plus restreint, congés de plus en plus étendus, – a préparé le régime actuel ; mais, entre le dernier contingent d'une armée où le remplacement épargnait le service à tout ce qui avait quelque culture et ce contingent de 1890 qui, du licencié à l'illettré, va comprendre tous les intermédiaires, la « matière-soldat », si l'on peut s'exprimer ainsi, a radicalement changé. À ce soldat nouveau, il faut, logiquement, un officier nouveau. C'est celui dont nous allons essayer de tracer la mission, et c'est à ce point de vue initial qu'il faudra constamment se reporter pour ne pas se troubler d'une conception du rôle de l'officier qui s'éloignera peut-être du type un peu rude et exclusivement batailleur que ce nom, à tort ou à raison, avait le don d'évoquer.

Nul n'est mieux placé que l'officier pour exercer sur ses subordonnés une action efficace. En contact avec eux, il partage entièrement leurs travaux, leurs fatigues, et n'en tire néanmoins aucun profit. Son gain ne dépend pas, comme celui des industriels, de la peine de ses hommes. Leurs intérêts sont, non plus opposés, mais semblables. L'autorité dont il est investi repose sur la loi, elle a une sanction légale, elle échappe à toute discussion, à tout compromis.

Des règlements précis fixent la limite de ses exigences professionnelles. Tout concourt à dégager son indépendance personnelle et le désintéressement de son action.

C'est donc un merveilleux agent d'action sociale. Quel intérêt n'y aurait-il pas, si l'on se place au point de vue d'où nous sommes partis, à ce qu'avant tout autre il fût animé de l'amour personnel des humbles, pénétré des devoirs nouveaux qui s'imposent à tous les dirigeants sociaux, convaincu de son rôle d'éducateur, résolu, sans rien modifier à la lettre des fonctions qu'il exerce, à les vivifier par l'esprit de sa mission ?

Et pourtant il est le seul à qui l'on ne songe pas. Ceux qui poussent la jeunesse dans les voies de l'action sociale ne prononcent pas son nom ; on ne semble pas imaginer qu'on puisse utiliser cette force puissante ; on ne se demande pas si le mouvement qui secoue la génération nouvelle ne pourrait être propagé dans le milieu militaire.

Pourquoi cet oubli ?

C'est peut-être la vieille prévention des hommes de pensée contre les gens d'épée, disons même contre tous ceux qui pratiquent l'action physique, puisque, depuis l'antiquité, le sens de l'équilibre rationnel entre le développement du corps et celui de l'esprit s'était perdu. Ce n'est pas que nous ignorions quelle réaction s'est produite en faveur des exercices du corps, ni quelle large place ils ont prise dans les préoccupations des maîtres, mais c'est là un mouvement trop récent encore pour qu'il ne reste pas quelque chose des anciens préjugés.

C'est aussi la légende, plus répandue qu'on ne pense dans certains milieux, qui fait de tout officier un « traîneur de sabre » et un « soudard » inapte à toute conception élevée de l'ordre intellectuel et moral, légende d'ailleurs aussi soigneusement que criminellement entretenue par la plume et le crayon, et odieusement personnifiée dans le type populaire du « colonel Ramollot ».

C'est enfin qu'on ne se rend pas compte des conditions qui depuis vingt ans ont modifié radicalement le recrutement et la constitution du corps des officiers et singulièrement accru sa valeur intellectuelle. Avant la guerre, reconnaissons-le, sauf pour un certain nombre de familles aux traditions spéciales, la carrière militaire était souvent un pis-aller. Ce n'était pas là, dans les classes éclairées, qu'on dirigeait de préférence les sujets distingués ; aux esprits cultivés qu'attiraient les fonctions publiques, la diplomatie, le conseil d'Etat, la magistrature, l'administration ouvraient un vaste champ ; c'était aux natures en quête d'activité physique et d'aventures, disposées au mouvement plutôt qu'à l'étude, à l'agitation plutôt qu'à la réflexion, que l'armée semblait exclusivement réservée. Aujourd'hui, les préventions d'une fraction notable des classes éclairées contre le régime politique ont rejeté dans l'armée beaucoup des éléments où se recrutaient précédemment ces carrières de choix. Hors même de cette fraction spéciale de la société, ces carrières, que les fluctuations politiques ont rendues moins stables, ne jouissent plus de la même faveur. Nombre de jeunes gens aussi, que ni leurs traditions ni leurs goûts ne semblaient porter au métier des armes, forcés aujourd'hui de le subir, préfèrent accomplir leur temps de service plutôt comme officiers que comme simples soldats et entrent aux écoles militaires avec l'arrière-pensée de ne pas prolonger leur carrière, et puis, une fois celle-ci engagée, y demeurent. Dans un ordre plus élevé, la surexcitation du patriotisme, après le coup de foudre de 1870, et le sentiment général que, dans la guerre à venir, ce sont les destinées mêmes du pays qui se joueront, ont, de toute évidence, déterminé bien des vocations militaires dans des milieux où elles ne se seraient pas déclarées jadis. Enfin, l'extension du service d'état-major, le recrutement relativement nombreux de l'Ecole de guerre, le développement très apparent des études dans l'armée, y attirent des esprits désireux d'occupations intellectuelles que la crainte du seul service matériel, de la routine monotone, en eût autrefois écartés.

Sous ces diverses influences, il est incontestable que la nature du corps des officiers s'est profondément modifiée et qu'à plus d'un égard, il est, dans son ensemble, supérieur à ceux qui l'ont précédé. Il semblerait que son action dût, par ce fait seul, s'exercer avec plus d'efficacité, qu'on pût retrouver dans les hommes sortis de ses mains l'empreinte de ce progrès et constater que ce qu'il rend au pays vaut mieux que ce qu'il en reçoit.

Or cela est-il ? Il résulte du moins des renseignements recueillis avec grand soin sur des points opposés, auprès de gens divisés d'origines et d'opinions, mais également adonnés à l'observation sociale, que, de leur passage dans l'armée, un bien grand nombre de jeunes gens rapportent dans leurs familles un sens moral diminué, le dédain de la vie simple et laborieuse et, dans l'ordre physique, des habitudes d'intempérance et un sang vicié qu'ils transmettent. Si un tel résultat offrait hier déjà une extrême gravité, qu'en sera-t-il demain, alors que tout le monde, sans exception, passera par l'armée ? C'est là, n'est-ce pas, un douloureux, un terrible problème. D'où peut donc venir cette apparente contradiction ?

De ce que l'officier connaît trop peu ses hommes, s'intéresse trop peu à leur personne.

Tout contribue à l'en détourner. Si, d'abord, jamais l'importance de connaître sa troupe, de s'y intéresser, de la marquer d'une empreinte durable, n'a été plus grande, jamais non plus il n'a été plus difficile de le faire : le service court, d'une part, accroît démesurément les contingents, et de l'autre, laisse à peine le temps de les voir passer. Beaucoup plus de monde, pendant beaucoup moins de temps, voilà la formule à laquelle il aboutit. La solidarité ne s'établit plus comme jadis, machinalement pour ainsi dire : il faut la vouloir fermement, malgré les difficultés ; et, pour la vouloir ainsi, il faut être fermement convaincu que là réside le premier devoir, et qu'en dehors de toute considération sociale, au point de vue professionnel seul, une troupe bien en main, moins instruite, vaut mieux qu'une troupe plus instruite, moins en main.

Ensuite, il faut bien le dire, ce côté moral du rôle de l'officier, c'est ce dont on lui a le moins parlé. Tandis qu'en Russie les beaux enseignements du général Dragomiroff concernant la mission morale de l'officier, – nous ne dirons pas seulement font loi, mais formulent et résument l'idée mère qui anime le corps des officiers, – chez nous, bien qu'on admire ces écrits, que même on les lise, l'état d'esprit qu'ils dénotent n'existe qu'à l'état d'exception, et, dans ce cas, résulte des tendances individuelles et non d'une doctrine commune reçue comme un dogme au début de toute éducation militaire. À ceux qui viennent des écoles, on a parlé stratégie, balistique, géographie ; on a cherché à développer leur intelligence militaire, mais bien peu leur cœur militaire : on leur a enseigné à instruire leurs hommes, leur a-t-on fait comprendre qu'il fallût d'abord les aimer et conquérir leur affection ? Aux plus distingués, on a donné comme objectif l'École de guerre, l'état-major, c'est-à-dire la vie de bureau, d'employé, qui draine chaque année davantage l'élite de l'armée ; de plus en plus, pour l'officier de choix, le commandement de troupes semble un passage, une corvée à subir, durant laquelle il s'agit d'expédier le plus vite possible l'exercice professionnel pour garder le temps de se préparer à ses hautes destinées. Chez ceux que l'École de guerre ne prend pas, l'objectif des ambitieux ou le lot involontaire de ceux qu'on distingue, ce sont, dans les grades inférieurs, les fonctions, les missions spéciales, ce que le troupier désigne d'un mot énergique, « les embuscades ». Ceux enfin qui restent dans la troupe, au spectacle de la hâte que chacun éprouve à s'en esquiver et de l'honneur et des avantages réservés à ceux qui en sont sortis, sont médiocrement préparés à envisager la mission qu'on leur a laissée par pis-aller, comme la plus haute et la plus importante de leur état. Pour les officiers qui sortent des rangs, leur école a été avant tout la pratique : comme ils sont tout naturellement amenés à appliquer les procédés qu'on leur a appliqués à eux-mêmes. Chez certains encore, se réclamant d'une fausse anglomanie, il est de mode de s'envelopper devant ses inférieurs d'une morgue impassible et d'une indifférence impénétrable, ce qui n'est pas, à coup sûr, le moyen d'attirer et de retenir la confiance.

De l'ensemble de ces considérations, il résulte qu'un corps des officiers très distingué, laborieux, dévoué à ses devoirs professionnels, a sur l'âme de l'armée une action médiocre, tandis que le corps des officiers russes, par exemple, qui compte des personnalités éminentes, mais dans sa moyenne est, croyons-nous, moins cultivé que le nôtre, exerce sur l'âme de son armée une action immédiate et forte parce qu'il est pénétré de cette idée de patronat, de devoir social, qui fait défaut chez nous.

Mais cette action sociale de l'officier, quelle peut-elle être ? représente-t-elle autre chose qu'une utopie généreuse, une illusion séduisante ? sous quelle forme pratique peut-elle s'exercer ?

Il nous semble entendre déjà les plaisanteries faciles sur la transformation de l'officier en apôtre prêchant à ses hommes l'amour et la paix, au lieu de leur enseigner le tir et l'équitation. Il ne s'agit, est-il besoin de le dire, de rien de semblable : une telle action ne s'exerce pas par des discours et des conférences : elle résulte simplement, mais fatalement, d'un état d'esprit : que les officiers soient convaincus de leur devoir social, qu'ils en portent constamment la préoccupation dans l'exercice de leur profession, et celui-ci, par la seule introduction de ce ferment, apparaîtra transformé, sans perdre ni une exigence ni une sévérité.

Nous ne prétendons pas d'ailleurs que ce soit là une notion nouvelle : leur rôle, bien des officiers déjà l'ont ainsi compris, qui ne sont ni les moins distingués, ni les moins exigeants ; ils fournissent la preuve du bien qui pourrait se faire, si leurs expériences individuelles aboutissaient à une doctrine générale, donnée comme règle et placée à la base de toute éducation militaire.

On s'en convaincra en suivant dans le détail l'application du principe.

Pour la plupart, et des meilleurs, le devoir professionnel rempli et bien rempli, leur tâche est finie.

Avoir la troupe la plus manœuvrière, les effets et le casernement les mieux entretenus, les chevaux les mieux dressés, et, comme sanction, la meilleure note de l'inspecteur général et le premier rang pour l'avancement, tel semble être le dernier mot de leur ambition. Personne d'ailleurs ne leur en demande davantage. En ce qui concerne la connaissance personnelle de leurs hommes, elle se borne à en savoir les noms (et encore pas toujours), dans une certaine mesure les aptitudes militaires, – on sait dire habituellement s'ils sont bons, médiocres ou mauvais soldats, – quelquefois leurs professions antérieures, pour satisfaire certains inspecteurs généraux qui l'exigent, et puis c'est généralement tout.

Quant à leur caractère, à leur individualité morale, à leurs origines, au milieu où ils se sont formés, à tant d'éléments dont la connaissance peut donner la clef de ces natures si peu pénétrables, et dont la mise en œuvre peut faciliter si largement leur développement, c'est le dernier des soucis. On a tiré de l'écorce tout ce qui pouvait s'adapter au métier ; quant à la sève capable de donner la vie au mécanisme ainsi agencé, on n'a pas été jusqu'à elle. On a soigneusement étudié l'outil : le canon, le fusil, le cheval ; et le moins possible l'ouvrier, par qui seul pourtant vaudra l'outil. Cela est si vrai que dans la cavalerie, par exemple, il est extrêmement bien porté de connaître beaucoup mieux ses chevaux que ses hommes ; nous pourrions citer nombre de jeunes officiers qui se piquent (et en cela il faut grandement les louer) de connaître à fond les trente-cinq chevaux dont ils ont la direction, les moindres particularités de leur nature, de leur tempérament, de leurs origines, de leur caractère, mais semblent tout fiers d'ajouter ensuite : « Quant à mes hommes, je ne puis pas retenir leurs noms, c'est un genre de mémoire qui me manque. » Et s'il ne s'agissait que des noms ! Mais allez leur demander de vous donner sur ces hommes, sans même les nommer, à la vue, le dixième des renseignements qu'ils vous ont donnés sur leurs montures, et vous verrez ce que vous en tirerez, à moins qu'ils ne concluent par un : « Du reste, ce sont des brutes », qui coupe court à tout. Et ce qu'il faut proclamer, c'est que cette ignorance ne résulte pas, comme ils affectent de le dire et voudraient le faire croire, d'une structure spéciale de leurs cerveaux favorable aux notions et aux images hippiques et rebelle aux notions et aux images humaines, mais bien de ce que tous leurs regards, toutes leurs observations, tous leurs soins, tout leur intérêt en un mot, sont pour les uns et non pour les autres. Loin de nous la pensée de les détourner d'une étude si consciencieuse et si approfondie de leur outil professionnel, mais, pour Dieu, qu'ils songent d'abord que, s'ils n'ont avant tout formé le moral de l'ouvrier et conquis son cœur, ils auront peut-être grand'peine à maintenir ferme sous le feu, face au danger, ce soldat de deux ans de service, quelque complète d'ailleurs que soit son instruction technique.

Non, ces hommes ne sont pas des brutes, et les Français moins que tous autres : mais ce sont souvent des timides et des méfiants ; la cordialité les ouvre, la brusquerie les referme. Ils aiment qui les aime. Il suffit d'avoir été mêlé plus intimement, par la force des circonstances, à ces braves gens, aux grandes manœuvres, en colonne, au bivouac, pour savoir quelle capacité de dévouement ils renferment, de quelle sollicitude affectueuse ils entourent l'officier qui a gagné leur confiance, quelle gratitude ils lui témoignent, non en paroles, mais en regards et en faits, s'ils le voient partager sans atténuation leurs privations et leurs fatigues.

Ce résultat, dès la vie de garnison, on peut l'atteindre.

L'essentiel est de connaître parfaitement les hommes dont on a charge : nous savons tel officier qui, dès l'arrivée d'un contingent, commençait une véritable enquête sur ses recrues, profitant des relations qu'il pouvait avoir au centre de leur recrutement, écrivant dans les localités, s'informant de leurs familles, de leurs antécédents, de leurs aptitudes, de leurs ambitions. Avant même d'avoir parlé à aucun d'eux, ce travail souterrain, pour ainsi dire, lui avait donné une première notion de leur physionomie morale : les occasions d'entrer en relations s'offraient ensuite d'elles-mêmes ; les temps de repos pendant la manœuvre, si avantageusement employés à cette communication individuelle, au lieu de se passer en bavardages entre collègues ou en temps de galop sur la piste voisine ; – les marches ; – dans la cavalerie les longues heures de pansage, que maudissent les officiers et qu'il est si facile d'utiliser en étudiant un homme tour à tour sans interrompre sa besogne ; – les repas, où l'officier peut venir témoigner de l'intérêt qu'il prend au bien-être matériel de sa troupe. Et tant d'autres circonstances qu'il est impossible de préciser, et même d'énumérer, mais que le cœur, l'expérience, l'observation suggéreront facilement et qui différeront d'homme à homme, de tempérament à tempérament : les règlements modernes ont bien su préconiser dans la mesure la plus large l'instruction individuelle ; qu'on s'inspire de leur esprit en la complétant par l'éducation individuelle.

En témoignant à ses hommes cette sollicitude, en leur prouvant l'intérêt personnel qu'il leur porte, non par des discours, mais par des preuves directes tirées de la connaissance de leur personne et de leurs intérêts, l'officier acquiert forcément leur affection et leur confiance ; il est, de plus, merveilleusement préparé et c'est essentiel, à son rôle permanent de justicier. Que de révoltes, de rancunes, de fautes graves engageant parfois la vie entière, résultent d'une première punition infligée injustement ou à la légère, à défaut, presque toujours, d'une connaissance suffisante de l'individu qu'elle frappe !

Mais, plus encore qu'un justicier, l'officier est un arbitre ; un arbitre entre le soldat et le sous-officier : le plus souvent le simple soldat ne l'aime ni ne le déteste : il l'ignore, il le voit de loin, de bas, et ce qu'il perçoit seulement, c'est l'action directe des gradés inférieurs. C'est pour apprécier, modérer, régler l'action de ces agents, investis en France d'une autorité réglementaire plus grande que partout ailleurs, et si souvent sujets à caution, que la connaissance directe de ses hommes est indispensable à l'officier, tandis que, bien fréquemment, il ne les voit que par les yeux de ses sous-officiers dont il est trop disposé à accepter le verdict sans contrôle.

Pour que l'action que nous préconisons soit efficace, on comprend de reste combien il importe avant tout d'en faire saisir la portée aux sous-officiers et de les y associer d'une manière absolue. Par le fait seul que ce sont eux que le soldat voit le plus et de plus près, toute la bonne volonté apportée par l'officier dans sa mission restera stérile s'ils s'inspirent dans l'exercice de leurs fonctions d'un esprit contraire de sécheresse, d'immoralité et d'injustice : c'est dans ce milieu inter-médiaire qu'ont pu s'accomplir les dénis de justice, les faits d'exploitation dont on a certes exagéré le caractère général, mais qui, si rares qu'ils doivent être, suffisent pour expliquer les résultats médiocres du service militaire au point de vue social. Des publications récentes ont pu grouper avec mauvaise foi des faits isolés : il n'en reste pas moins qu'il y a mieux à faire que de se borner à crier au scandale et à réclamer bruyamment une répression, c'est de se donner la peine de faire son enquête personnelle comme nous l'avons fait nous-mêmes, de constater le fonds de vérité qui repose sous ces développements littéraires, de se mettre la main sur la conscience, d'être sincère avec soi et de se demander quelle part de responsabilité notre indifférence et notre incurie peuvent nous laisser dans une situation trop réelle. Ayons donc une bonne fois le courage de voir la vérité quelle qu'elle soit, et au lieu de nous rendormir, le bruit étouffé, dans un optimisme de convention, mettons-nous à l'œuvre et commençons par nos sous-officiers. Que leur choix soit le premier de nos soucis. Le nombre croissant de rengagements laisse le temps de s'occuper d'eux : le recrutement actuel donne des éléments tels que nous n'en avons jamais eu ; dégageons ce choix des considérations étrangères qui en décident encore trop souvent, et puis, appliquons-nous de tout notre cœur à leur formation, à leur éducation. Ils existent, à l'arrivée au corps, les jeunes gens généreux, au cœur chaud, à l'esprit ouvert ; il s'agit de ne pas les stériliser pour jamais dans leur premier mois de service par un régime à rebours, il s'agit de les deviner, et, une fois élus, de les associer résolument, franchement, à l'œuvre du salut social par l'armée.

Il serait facile de détailler davantage le côté technique de cette double action sur les sous-officiers d'abord, et, par eux et avec eux, sur les hommes de troupe ; mais ce développement, d'un caractère profes-sionnel, sortirait de notre cadre : il doit suffire d'avoir signalé la voie.

Indiquons seulement les consé-quences qui, à notre sens, résulteraient de l'action de l'officier ainsi comprise et exercée.

Chez le soldat, au point de vue social, pacification des esprits soumis à ce régime, rendus plus réfractaires aux excitations de la haine de classes.

Aujourd'hui déjà, revenus au pays, les soldats, dont l'officier a gagné la confiance et l'estime, restent volontiers en relations avec lui, nous en avons le témoignage, et ne manquent jamais de protester en ce qui le concerne contre les accusations dont les orateurs de cabaret accablent la corporation tout entière et avec elle le bourgeois, le patron, parmi lesquels elle est censée se recruter. Que ces exceptions se généralisent, qu'elles deviennent la règle, que le soldat, c'est-à-dire le peuple tout entier, ne rapporte du temps de son service que le souvenir d'une autorité bienfaisante, juste et respectable, et les accusations de ce genre seront sans crédit.

Au point de vue militaire, il nous semble ressortir suffisamment de ce qui précède que cette prise morale de la troupe est devenue une nécessité moderne. De la brièveté du temps de service et de l'espacement croissant des guerres, il résulte que, lors de la prochaine lutte, tout soldat verra le feu pour la première fois. Et quel feu ! – Le feu le plus meurtrier lancé d'une distance inconnue par une main invisible, – la guerre la plus terrible sans aguerrissement préparatoire. – Ah ! devant une telle violence faite à tous les instincts naturels, l'instruction profession- nelle, la discipline matérielle, les moyens répressifs feront triste figure si l'officier n'a pas d'autre secret au service de son autorité et si son regard, sa parole, son cœur n'ont pas su, dès le premier jour de leur rencontre, trouver le chemin de ces yeux, de ces oreilles, de ces cœurs d'enfants soumis brusquement à l'horreur d'une telle épreuve.

Chez l'officier : c'est, dès la paix, qui est en somme devenue l'état normal, l'introduction dans sa vie d'un élément du plus haut, du plus passionnant intérêt. Convenons-en : l'officier ne se bat plus, pas plus souvent du moins que tout autre citoyen, une ou deux fois dans sa carrière, et c'est tout. Si donc l'on s'en tient à la vieille notion (et nous en sommes encore imbus) de l'état militaire entendu comme synonyme d'état guerrier, la condition actuelle d'officier ne serait qu'une anomalie et justifierait pleinement l'état d'esprit de toute cette jeunesse qui maudit aujourd'hui l'inaction forcée, la paix prolongée, l'arrêt complet de l'avancement, et n'a pas assez d'anathèmes contre la vie de garnison, sa monotonie, sa routine, sa stérilité. Envisager au contraire le rôle de l'officier sous cet aspect nouveau d'agent social appelé par la confiance de la patrie moins encore à préparer pour la lutte les bras de tous ses enfants qu'à discipliner leurs esprits, à former leurs âmes, à tremper leurs cœurs, n'est-ce pas, loin de l'amoindrir, l'élever dans les plus vastes proportions, le faire presque plus grand dans la paix que dans la guerre, et proposer à son activité l'objet le plus digne de l'enflammer ?

L'opportunité et le caractère de cette action sociale admis, comment en faire pénétrer l'idée dans le corps des officiers ?

Par la base, croyons-nous, plutôt que par le sommet : par une action d'ensemble sur les officiers et soldats à venir, dans les écoles militaires, et dans l'éducation, plutôt que par prosélytisme auprès des officiers actuels.

Ce n'est pas à dire que, parmi eux et dans tous les grades, il n'y ait pas des individualités gagnées à cette idée : nous en connaissons et beaucoup. Mais elles ne sont pas, tant s'en faut, la majorité, et beaucoup d'ailleurs restent retenues par des habitudes, des timidités, mille liens qui les empêchent de frayer une voie nouvelle. Du reste, les hommes qui font partie d'une organisation ancienne, dont la transformation s'est accomplie pendant le cours de leur carrière, sont mal placés pour juger de la nature et de la portée de cette transformation. Parce qu'ils ont gardé le même habit, le même idiome, la même routine, il leur semble que rien n'ait changé : ils sont disposés à traiter de décadence ce qui est évolution, à comparer des choses qui ne sont pas comparables et à se placer, pour juger d'un présent qui contient des germes inconnus, au point de vue d'un passé irrémédiablement mort. – Prendre son parti de l'abandon du « vieux bateau » sur lequel on a fait sa première traversée et dont on porte encore l'enseigne, pour se mettre énergiquement, avec les jeunes, à la construction du bâtiment, aux engins inconnus de votre jeunesse, qui portera les générations nouvelles, qu'y a-t-il de plus rare et de plus difficile ?

Nous autres anciens, nous sommes mal disposés à juger la nouvelle armée avec équité. L'ancienne, avec ses vieux cadres, sa longue durée de service, marchait pour ainsi dire toute seule : dans la nouvelle, l'instruction de la troupe si rapidement menée, la tâche de l'officier forcé de suppléer des cadres insuffisants, se sont singulièrement compliquées et nous apportent un surcroît de peine, de fatigues et d'études qui ne nous porte pas à l'indulgence. Et puis, aux anciens, qu'on aille donc parler de ce rôle de l'officier plus grand en paix qu'en guerre : s'ils sont, voilà trente ans, entrés au service, c'était pour batailler ; le reste, c'est de la « littérature ». Il n'y a guère de ce côté que des coups de boutoir à recevoir, et, mon Dieu, nous nous en consolerons, car ceux qu'il importe de convaincre, ce sont ceux-là surtout dont le grade comporte le contact direct et journalier avec le soldat, les capitaines, les lieutenants : les jeunes officiers d'aujourd'hui et plus encore les jeunes officiers de demain.

C'est à ce point que nous en voulions venir : que c'est moins dans l'armée qu'il faut agir qu'au seuil de l'armée, dans les écoles militaires, dans les écoles préparatoires, dans les collèges, dans l'éducation.

De ce côté, presque tout reste à faire. Dans les écoles militaires notamment, le côté moral du rôle de l'officier tient bien peu de place. L'homme de troupe qu'on présente aux élèves est un automate ; on le place à droite, à gauche, on le fait marcher, on le fait arrêter, on l'habille, on l'arme, on le plante sur un cheval ; quant à son moral, s'il en est incidemment tenu compte, c'est à titre de facteur d'erreurs probables dans l'emploi des instruments. Tout est au métier, au côté technique, à la science. C'est dans cet ordre d'idées que sont choisis généralement les officiers instructeurs : on consulte leurs numéros de sortie, leurs notes professionnelles, lorsqu'on ne se contente pas de leurs convenances personnelles ; quant à leur aptitude à développer, chez la jeunesse qui va leur être confiée, les plus nobles qualités du chef, c'est ce qu'on examine en dernier lieu : que néanmoins elle se rencontre très souvent, c'est possible, certain même, mais assurément le fait du hasard.

Il est vrai que si, dès l'école, on donnait une trop haute idée de la mission de l'officier de troupe, peut-être la vogue actuelle de l'état-major en souffrirait-elle un peu. Eh ! mon Dieu ! Quand, de vingt à trente ans, les meilleurs donneraient le meilleur d'eux-mêmes à la formation de leurs hommes au lieu de courir à travers des examens ininterrompus à la conquête du bouton de mandarin, y aurait-il si grand mal ? C'est là, dans l'ordre militaire, que doit se porter tout l'effort, en agissant d'abord sur le personnel des écoles, dont le choix devrait s'inspirer d'un esprit tout nouveau. Aux officiers qu'on y appelle, qu'il soit demandé, avant tout, d'être des convaincus et des persuasifs, osons dire le mot, des apôtres doués au plus haut point de la faculté d'allumer le « feu sacré » dans les jeunes âmes : ces âmes de vingt ans prêtes pour les impressions profondes, qu'une étincelle peut enflammer pour la vie, mais qu'aussi le scepticisme des premiers chefs rencontrés peut refroidir pour jamais. C'est, dans l'armée, un fait constaté que l'officier garde toute sa vie l'empreinte ineffaçable de ses premiers instructeurs de l'école, et qu'on reconnaît à travers les grades les générations formées par tel ou tel.

Et si, des instructeurs subalternes, on remonte aux chefs des grandes écoles militaires, combien leur choix ne doit-il pas davantage s'inspirer de cet esprit ! Mais les choisir ne suffit pas : la condition première de l'efficacité de leur action, toute d'expérience et de durée, est de donner à leurs fonctions une stabilité qu'elles n'ont pas. Les déplacements auxquels ils sont soumis résultent, le plus souvent, de l'avancement que comporte leur mérite. Pourquoi donc, une fois leur aptitude à la fonction reconnue, ne pas les faire avancer sur place et jusqu'aux grades les plus élevés. Y a-t-il un homme qui exerce sur l'âme de l'armée une action latente peut-être, mais plus profonde, que celui qui crée chaque année les centaines d'officiers nécessaires aux contingents actuels, et y a-t-il des récompenses trop grandes pour celui qui réussit à une telle tâche ? Ne saurait-on même concevoir, pour le chef qui aurait ainsi donné, dans la direction d'une des plus grandes écoles militaires, des preuves éclatantes de ses aptitudes, la création d'une sorte de « grande maîtrise » des écoles militaires ? Restant en dehors des questions didactiques, il serait avant tout l'arbitre du choix et de l'emploi du personnel, qu'il connaîtrait de longue date et sur l'esprit duquel il exercerait une action et un contrôle incessants. Après celles du chef d'état-major général, ses fonctions ne seraient-elles pas les plus hautes de l'armée ? Nous ne voulons qu'indiquer l'idée, elle comporte d'autres études et d'autres développements.

Mais combien, dans les écoles militaires, la tâche des instructeurs ne serait-elle pas facilitée si, dès avant l'entrée au service, hors de l'armée, l'idée de la mission sociale de l'officier avait été déposée en germe dans l'éducation !

Et nous voici revenus à notre point de départ. Nous invoquions le témoignage des plus éminents parmi ceux qui ont l'oreille de la jeunesse : c'est à eux que nous faisons appel, et à tous ceux qui, à leur exemple, au lieu de s'attarder en des regrets stériles, ont l'œil largement ouvert sur l'avenir et cherchent, chacun suivant son esprit propre, à en interpréter les inéluctables nécessités ; à tous ceux, parents ou maîtres, qui, par profession ou par vocation, ont charge d'une parcelle de l'éducation nationale.

Notre vœu, c'est que, dans toute éducation, vous introduisiez le facteur de cette idée nouvelle qu'à l'obligation légale du service militaire correspond l'obligation morale de lui faire produire les conséquences les plus salutaires au point de vue social.

Certes, la guerre est un terrible mal ; mais si longtemps que les événements, une situation qu'aucun de nous ne songe à répudier, nous condamneront à nous y tenir constamment préparés sous la forme moderne du service universel, l'essentiel est de tirer de ce mal le plus grand bien possible.

Aux officiers de demain, dites que, s'ils ont placé leur idéal dans une carrière de guerres et d'aventures, ce n'est pas chez nous qu'il faut le poursuivre ; ils ne l'y trouveront plus : arrachez-leur cette illusion avant les déceptions tardives. Mais donnez-leur cette conception féconde du rôle moderne de l'officier devenu l'éducateur de la nation entière.

Aux autres, aux privilégiés, aux cultivés de tout ordre, voués à d'autres carrières, mais tous simples soldats de demain, montrez que, bien loin de maudire cette épreuve qui les arrache à leurs études, à leurs habitudes, à leurs goûts, et devant laquelle les plus modérés n'ont guère eu jusqu'ici que le mot de résignation, il leur convient de saisir cette occasion précieuse de se mêler intimement au peuple, d'éprouver leur trempe à ce rude contact et de jeter dans ce microcosme qu'est toute « unité » militaire les semences fécondes de la solidarité, de la réconciliation, de l'effort en commun.

L'épiscopat catholique ne s'y est pas trompé, et ses exhortations récentes aux séminaristes appelés sous les drapeaux sont unanimement pénétrées de l'espoir que leur séjour à la chambrée, s'ils en acceptent gaiement les nécessités les plus rudes, les plus grossières en apparence, sera profitable aux idées qu'ils servent.

À son exemple, enflammez les jeunes hommes dont vous avez charge « à cette heure propice, où, regardant vers la vie, ils s'y font précéder par des objets et par des rêves »[1], en leur montrant dans le service obligatoire, non plus la corvée brutale et stérile, mais le plus vaste champ d'action sociale.

Apprenez-leur aussi que sur les ruines des hiérarchies disparues, la nécessité sociale de la discipline, du respect et de l'abnégation ne cessera pas d'être, – et que l'armée sera toujours la meilleure, sinon la seule école, où s'apprendront ces vertus.

Tout professeur de collège, aujourd'hui, a la certitude que si, parmi ses élèves, il ne se trouve pas nécessairement de futurs ingénieurs, de futurs médecins, il s'y trouve du moins de futurs officiers, de futurs sous-officiers, et que tous seront soldats. Il n'aura donc pas, à coup sûr, fait

---

[1] *E. Lavisse, Discours aux étudiants en Sorbonne du 3 novembre 1887.*

besogne inutile, s'il a profité de toutes les occasions pour inculquer à ces jeunes âmes l'esprit militaire, envisagé sous les aspects que nous avons tenté de présenter. Et il nous semble que ce sera toute une révolution ; car il ne s'agit plus ici de bataillons scolaires, loin de là, et nous croyons que rien n'est plus funeste que la confusion qui a été faite, de ce côté, entre la forme et le fond, entre la lettre de la profession des armes, si facilement et si rapidement apprise et, partant, si inutile à enseigner d'avance, et l'esprit de cette profession, tel que nous voudrions avoir réussi à le faire entendre. – Cette distinction, M. J.-J. Weiss, visitant il y a quelques années une école de cadets allemande, l'avait bien justement observée : « Ce qui est l'objet propre de l'école, remarquait-il[2], ce n'est pas, comme on pourrait le croire, d'enseigner aux cadets la technique, même simplement rudimentaire du métier de soldat, c'est de bien pénétrer l'éducation civile qu'on leur donne, l'instruction générale littéraire et scientifique qu'ils reçoivent, de la pensée spéciale qu'ils auront l'honneur de passer leur vie, sous les armes, au service de la patrie ; ... c'est de développer chez eux

---

[2] J.-J. *Weiss, Au pays du Rhin, Charpentier, 1886, p. 189*

l'esprit militaire et l'esprit officier en même temps et par la même méthode graduelle que l'esprit des lettres et l'esprit des sciences. À Paris et dans nos départements, on voit maintenant les élèves des écoles primaires défiler et évoluer par les rues, l'arme sur l'épaule. À O***, parmi ces adolescents qui contiennent dans leurs rangs de futurs colonels, de futurs généraux de brigade et de division, de futurs commandants d'armée, on ne trouverait pas un seul fusil, même de bois. »

Chez nous, où il n'existe pas d'établissements spéciaux de cet ordre, tout collège est aujourd'hui, dans quelque mesure, une « école de cadets », et tout maître peut avec profit s'inspirer de la figure si attachante et si suggestive du capitaine baron Von D***, que M. Weiss nous présente quelques pages plus loin[3].

Nous n'insisterons pas. Nous ne pouvons entrer ici dans le détail des moyens d'application. Les développements qu'ils comportent demandent d'autres études. Elles viendront en leur temps.

---

[3] *Op. cit., p. 199.*

Pourtant, si l'on nous a compris, nous voudrions, dès maintenant, en toutes les circonstances où l'on parle de haut à la jeunesse assemblée aux solennités scolaires, dans les institutions de l'État comme dans les établissements libres, recueillir l'écho de ces idées, entendre proclamer la portée, jusqu'ici insuffisamment comprise, du grand fait nouveau qui étend son ombre inquiétante sur la jeunesse de vingt ans : le service universel.

Nous voudrions que les voix les plus hautes, à la Sorbonne, à l'École normale, fissent entendre les paroles fécondes qui, se répandant à travers le corps enseignant jusqu'au plus humble maître d'école, porteraient partout cette conviction que l'obligation du service militaire, au lieu de se présenter comme un arrêt déplorable dans le développement commencé, doit devenir le complément salutaire de toute éducation.

En ce temps et en ce pays divisés, n'y a-t-il pas là, du moins, un vaste terrain où peuvent s'efforcer en commun, sans acception de confessions religieuses, d'écoles philosophiques, ni de partis politiques, tous ceux qui ont le même souci de ses destinées, la même lassitude des formules, le même sentiment des devoirs sociaux imposés par une culture privilégiée ?

Nous le croyons fermement. – Puissions-nous faire partager cette conviction aux lecteurs de cette modeste étude qui se ramène, en somme, à quelques traits :

Le service obligatoire, strictement appliqué en faisant passer toute la nation par les mains de l'officier, a grandi dans la mesure la plus large son rôle d'éducateur.

La préparation du corps des officiers à ce rôle, sa formation morale, intéressent donc la société tout entière.

Ce corps, par son recrutement, sa culture, est parfaitement apte à remplir ce rôle.

Il ne le remplit qu'imparfaitement, parce que, s'il y est apte, il n'y est nullement préparé, et que l'idée de sa mission sociale ne tient presque aucune place, ni dans son éducation, ni dans l'exercice de sa profession.

Maréchal Lyautey (1854-1934)

C'est cette idée qu'il est urgent de répandre, et tout d'abord chez les guides naturels de la jeunesse, chez tous les éducateurs de profession, afin qu'en imprégnant fortement les générations à venir, ils amènent les jeunes officiers à participer, dans la large mesure qui leur revient, au mouvement général qui porte la jeunesse éclairée à mieux comprendre le rôle social réservé à son activité dans l'évolution de la société moderne.

Comme une barre à l'embouchure d'un grand fleuve, le service militaire se dresse désormais devant toute la jeunesse à l'entrée de la vie.

Sera-t-il un péril où risqueront de sombrer son corps, son cœur et son esprit, ou sera-t-il l'épreuve fortifiante dont elle sortira mieux trempée ? – Toute la question est là.

Maréchal Hubert LYAUTEY

MARÉCHAL LYAUTEY

Disponibles aux Editions AOJB :

Atala, de Chateaubriand, illustré par G. Doré

Exégèse des lieux communs, de Léon Bloy

Histoire de France, de J. Bainville ill. par JOB

Napoléon, de J. Bainville par JOB

Petite Histoire de France, de J. Bainville ill. par JOB

La Chevalerie, de Léon Gautier (illustré)

Roland Furieux, de l'Arioste (600 gravures de Gustave Doré)

La chanson des vieux époux, de Pierre Loti, (illustrations de H. Somm)

La Psychologie des Foules, de G. Lebon

La grève des électeurs, de Octave Mirbeau

L'appel des armes, de Ernest Psichari

L'Ame russe, recueil de contes russes

L'ancien régime et la révolution, d'A. de Tocqueville

Le Capital, de Karl Marx résumé par G. Deville

Le Manifeste du Parti Communiste, de Marx et Engels

Réflexions Politiques, de Jacques Bainville

Le dernier jour d'un condamné, de Victor Hugo,

www.ingramcontent.com/pod-product-compliance
Lightning Source LLC
Chambersburg PA
CBHW051923250726
48659CB00002B/815